Made in the USA
Middletown, DE
09 April 2020

88490143R00061